AF248280

NOTICE BIOGRAPHIQUE

SUR

P. V. LEVÊQUE DE VILMORIN

PAR

LE BARON DE SILVESTRE

SECRÉTAIRE PERPÉTUEL DE LA SOCIÉTÉ D'AGRICULTURE.

Lue à la séance publique du 26 brumaire an XIV
(17 novembre 1805).

PARIS,

IMPRIMERIE ET LIBRAIRIE D'AGRICULTURE ET D'HORTICULTURE

DE Mme Ve BOUCHARD-HUZARD,

RUE DE L'ÉPERON, 5.

NOTICE BIOGRAPHIQUE

SUR

P. V. LEVÊQUE DE VILMORIN.

⸺⸺⸺❍⸺⸺⸺

MESSIEURS,

Ce n'est pas une vaine occupation d'avoir à rechercher des détails sur ceux de vos membres à la mémoire desquels vous croyez devoir un hommage public et honorable.

La carrière tout entière de l'objet de vos regrets se retrace aux yeux de l'observateur; ses actions connues, ses ouvrages, ses projets, les moindres pensées qu'il a tracées, concourent à faire apprécier ses talents et son caractère; et lorsqu'on voit tous les moments de sa vie publique et privée consacrés à la vertu et à l'utilité générale, en regrettant l'homme de bien dont on reconnaît le mérite, on est porté à le prendre pour modèle, et disposé soi-même à devenir meilleur.

Telle est l'impression profonde que j'ai éprouvée en traçant cette notice biographique sur Philippe-Victoire LEVÊQUE DE VILMORIN.

Ce cultivateur naquit, en 1746, à Landrecourt, département de la Meuse. Privé des auteurs de ses jours dès sa plus tendre jeunesse, il vint à Paris, où il se livra, pendant plusieurs années, à l'étude de la médecine et de la botanique.

Ces études préliminaires formèrent son jugement et étendirent ses connaissances; ce fut sans doute à elles qu'il dut la supériorité avec laquelle il exerça le commerce des graines et des plantes, auquel il se livra bientôt après en s'associant à M. Andrieux, dont il épousa la fille.

Le commerce des graines avait été jusqu'alors peu de chose en France; il n'avait pour objet que les graines communes, et tout le mérite du grainier roulait alors sur le soin de compléter ses assortiments et sur la bonté des graines qu'il livrait au public. Vilmorin conçut l'idée de lui donner une grande extension et de rendre vulgaires des espèces de plantes précieuses pour l'agriculture, et qui n'existaient encore que dans les jardins botaniques d'un petit nombre d'amateurs.

Il commença par faire venir dans ses magasins des semences de différentes plantes précieuses dont la culture était bornée à quelques cantons de la France, et dont il favorisa ainsi la propagation. Ensuite, étendant ses vues, il tira des graines exotiques et naturalisées de l'Angleterre, dont l'immense commerce extérieur avait favorisé l'approvisionnement dans ce genre; mais, bientôt après, il voulut aller puiser à la source même de ces richesses. En 1779, appuyé du crédit de M. de Malesherbes qui l'honorait d'une estime particulière, il fit venir de l'Amérique septentrionale une grande quantité de graines des arbres les plus utiles de ce pays, tels que les cyprès de la Louisiane, le tulipier, le mûrier rouge, le liquidambar, le cirier, différents chênes et noyers, etc. : ce fut la première importation de ce genre qui eut lieu en France par le commerce, et c'est principalement de l'époque de cette importation que date la multiplication de ces divers arbres, dont plusieurs sont déjà devenus ou deviendront pour nous des acquisitions précieuses. M. de Malesherbes attachait une grande importance au succès de cette entreprise, et il entretint à ce sujet, avec Vilmorin, une correspondance suivie pendant plusieurs années. Cette confiance de l'illustre Malesherbes suffirait presque à l'éloge de Vilmorin.

Mais celui-ci ne se bornait pas à enrichir la France des graines d'arbres, il introduisit aussi successivement dans le commerce toutes les bonnes variétés de légumes qu'il put se procurer de l'étranger, ou que ses relations avec les cultivateurs français lui firent connaître, telles que diverses espèces ou variétés de choux, de navets, de fèves, de haricots, de pois, de cardons, etc. Il né mettait pas moins de zèle à répandre les plantes de grande culture et les fourrages.

Parmi ces plantes, quelques-unes, par leurs propriétés, auront une influence remarquable sur notre agriculture, telles que les choux frisés du Nord, dont la feuille résiste à nos hivers, et le rutabaga, dont il reçut les graines que M. Broussonnet lui adressa en 1790, et dont il reconnut, dans le mémorable hiver de 1792, la faculté de résister aux plus fortes gelées. Il continua de cultiver cette plante pendant plus de dix années et de la recommander aux cultivateurs. Il en fit connaître les avantages dans l'*Almanach du bon Jardinier* et dans l'instruction qu'il rédigea en l'an II, conjointement avec M. Cels, sur les navets. Enfin il est le premier qui ait fait connaître en France cette plante précieuse, surtout pour la nourriture des animaux.

Les étrangers, et principalement les Anglais, ont annoncé souvent avec emphase des plantes comme nouvelles, et auxquelles ils attribuaient des produits extraordinaires. Vilmorin, avant de mettre ces graines exotiques dans le commerce, ne manquait jamais de faire sur elles un grand nombre de recherches et d'essais, afin de s'assurer si elles n'étaient pas déjà connues en France sous d'autres noms, et de se mettre à même de rendre à ses correspondants un compte exact de leurs produits comparés et de la meilleure manière de les cultiver.

Pour ces essais, et pour le commerce du pépiniériste qu'il exerça avec un égal succès, il cultiva une étendue assez considérable de terrain ; il fit venir d'Angleterre, pour ses pépinières, des arbres exotiques naturalisés tout élevés, notamment un assez grand nombre de cèdres du Liban ; il en tira aussi de nombreuses collections d'arbrisseaux d'agrément, tels que les rhododendrons, les kalmias, les andromedas, les magnolias, etc., tous originaires de l'Amérique septentrionale, et qui n'existaient encore en France que dans un très-petit nombre de jardins.

Il a donné un des premiers l'exemple du semis en grand du robinier; pendant sept à huit ans, il en est sorti plusieurs milliers chaque année de ses pépinières.

Il s'attachait surtout à ceux des objets de culture qui présentaient une plus grande utilité; indépendamment des semis d'acacia, il élevait chaque année beaucoup de jeunes plants de mûrier blanc, de mûrier à papier, d'érable negundo, d'arbres résineux, et enfin de tous les arbres indigènes ou exotiques qui offraient les plus grands avantages pour la restauration de nos forêts, ou sous d'autres rapports également importants. Au moyen de ses correspondances, une grande quantité de ces arbres utiles a été répandue sur toutes les parties du sol de la France.

Il ne mettait pas moins d'attentions et de recherches pour se procurer et répandre par la voie du commerce les bonnes variétés d'arbres à fruits. Il avait entrepris divers essais sur l'amélioration de plusieurs espèces de fruits, et particulièrement des poires, par la greffe successive des espèces acides sur celles d'une qualité douce et fondante. Il espérait arriver ainsi à un perfectionnement sensible des fruits qui, comme la cresane, pèchent par un excès d'acidité.

C'est ainsi qu'à force de soins, de peine et de travail il parvint, en quelque temps, à donner à son commerce une extension, une consistance qu'il n'avait pas encore eues; on trouva pour la première fois, dans une maison de commerce française, un assortiment complet de graines et de plants pour toutes les branches de l'agriculture et du jardinage; la probité scrupuleuse de Vilmorin, jointe au zèle et aux connaissances qu'il développait dans la pratique de son état, lui attira la confiance universelle et une grande considération. Il fut lié d'amitié avec presque tous les hommes qui se distinguaient par leur zèle pour les progrès de l'agriculture.

Pendant les trente années qu'il exerça le commerce de grainier et de pépiniériste, il se fit un devoir d'éclairer et et d'aider de ses conseils les agriculteurs, les jardiniers et les propriétaires avec lesquels ses affaires le mettaient en relation. Aussi les livres de sa correspondance sont-ils devenus un dépôt fécond d'instructions simples et précises sur toutes les branches du jardinage et de l'agriculture, et la réunion des instructions dont il accompagnait toujours les envois d'arbres ou de graines qu'il faisait à ses correspondants pourrait former un recueil qui serait un véritable manuel du cultivateur.

Cette manière de favoriser les progrès de la culture est moins brillante que la publication d'ouvrages estimables, mais elle n'est pas moins efficace; on peut dire, sous ce rapport, que Vilmorin est un des hommes qui, de nos jours, ont le plus contribué à répandre le goût de l'agriculture et du jardinage; et cette disposition à communiquer les fruits de sa longue expérience, la loyauté et la droiture de son caractère lui avaient acquis autant d'amis qu'il avait de correspondants.

Vilmorin fut, pendant la révolution, appelé à faire partie de la commission d'agriculture et, par suite, du conseil du ministère de l'intérieur; il fut, dans ces diverses fonctions, éminemment utile au gouvernement qui l'employait. Réuni à ses collègues (1), il avait fait, en l'an II (1793), de vains efforts pour conserver la pépinière des Chartreux, monument précieux et unique en Europe, où trente-huit hectares, entourés de plus de quatre mille mètres de murs et cultivés avec le plus grand soin, avaient fourni pendant cinquante années, sous la direction de Christophe Hervy, des fruits à la capitale, et cinquante mille pieds d'arbres fruitiers de bonne espèce, dont une grande partie était exportée pour les pays du Nord, et même pour la Turquie.

(1) Berthollet, Dubois, Rougier de la Bergerie, Cels, Parmentier, Gilbert, Huzard, Mollard, Costaz.

A l'époque où les chartreux furent supprimés, Vilmorin
et ses collègues écrivirent plusieurs mémoires, firent plusieurs rapports pour conserver cet établissement national;
ils avaient senti que, devenu la propriété du gouvernement,
il pouvait être plus utile encore, en instruisant de nombreux
élèves qui auraient porté dans toute la France une pratique
éclairée sur la méthode de planter, de greffer et de taller les
arbres fruitiers, méthode qui est encore peu connue.

La commission d'agriculture ne put obtenir la conservation de cette pépinière, mais elle parvint à faire décider que
la collection des arbres serait transportée à Sceaux, où elle
est restée quelques années, et d'où M. Chaptal, notre collè-
gue, ex-ministre de l'intérieur, l'a retirée pour la rétablir
dans son ancien local, où elle est sans doute irrévocable-
ment fixée, et où la réunion projetée de toutes les espèces et
variétés de vignes et d'arbres fruitiers va lui donner un
nouveau degré d'utilité, en rapprochant les mêmes espèces
connues sous différents noms dans les divers départements,
et en procurant la connaissance certaine de celles de ces
espèces qui peuvent être cultivées avec plus d'avantage. Les
rapports que Vilmorin fit à cette occasion renferment beaucoup d'observations qui lui sont particulières sur les variétés
d'arbres qui conviennent aux différents terrains et exposi-
tions, et sur les espèces de sauvageons qui sont les plus propres à recevoir les différentes greffes.

Vilmorin n'a pas moins de droits comme agronome que
comme praticien à l'estime de la société; il a rédigé un
grand nombre de mémoires, de rapports au gouvernement
et d'instructions qui ont été publiées par son ordre. On re-
marque particulièrement parmi ces instructions celle qu'il
rédigea en floréal an III, au nom de la commission d'agriculture, et qui avait pour objet la culture et les avantages
des plantes légumineuses; une autre instruction détaillée
pour les personnes chargées par le gouvernement de faire
des achats de graines à l'étranger; il y indique les précautions à prendre pour le choix et les espèces de ces graines,

il rapproche les noms systématiques des noms vulgaires sous
lesquels ces graines sont connues dans le commerce, et il
joint à ce tableau des observations sur l'histoire, la culture
et les usages de chacune des plantes qu'elles fournissent. Il
a rédigé d'autres instructions sur la culture et les produits
de l'œillette, de la navette d'été, du colza, sur toutes les
plantes qu'on peut cultiver avantageusement pour retirer
l'huile de leurs graines, sur les choux, leur culture, leurs
espèces et leurs variétés, sur les prairies artificielles, et, en
particulier, sur la spergule, la grande pimprenelle, le trèfle
seul ou mêlé avec les graminées, les navets, le sarrasin, la
coquiole, la vesce blanche, l'herbe de Guinée, le mélilot de
Sibérie, sur diverses maladies des arbres. Il a inséré aussi
dans les *Annales de l'agriculture française*, pendant les deux
premières années de cet ouvrage, des instructions pour
chaque mois sur les opérations du verger, du potager et du
jardin à fleurs.

Il a publié des mémoires sur la conservation et la prépa-
ration des graines, sur les précautions à prendre pour s'assurer de leur bonne qualité et sur les moyens de les employer à la reproduction. Ces mémoires étaient toujours le
fruit de son expérience et de sa pratique. Parmi les plantes
potagères, il a cultivé avec un soin particulier les asperges
et les artichauts, et il a publié des mémoires étendus sur leur
culture, sur la manière et les avantages de les multiplier de
graines, et sur les meilleurs procédés à employer pour leur
conservation.

Ses travaux ont souvent servi utilement sous le point de
vue de l'administration. Ce fut sur le rapport de Vilmorin,
réuni aux autres membres de la commission d'agriculture,
que le gouvernement accorda aux administrations départe-
mentales la faculté de mettre en réserve la totalité ou partie
des prés du territoire de leur arrondissement après la récolte
de la première herbe; et cette faculté, saisie avec empresse-
ment par plusieurs administrations secondaires et fréquemment
ment employée, a procuré une nouvelle provision de four-

rages, si nécessaire à la nourriture des bestiaux pendant l'hiver, surtout dans ces dernières années où la pénurie à cet égard a été extrême; elle a commencé à restreindre aussi le parcours forcé, dont il est à désirer que l'usage soit bientôt aboli. C'est peut-être un des premiers pas qui conduiront à rendre à chaque propriétaire le droit exclusif de disposer de sa chose, base la plus sûre de toute amélioration agricole.

Vilmorin a contribué à la rédaction du nouveau *Code de police rurale*, dont le gouvernement veut accorder le bienfait aux campagnes; dans l'article qu'il a donné sur les gardes champêtres, on voit qu'il unissait à une parfaite sagacité une profonde connaissance des besoins urgents qu'ont les cultivateurs d'obtenir une garantie certaine de leurs propriétés.

La Société d'agriculture de Paris, dont il avait été un des premiers membres, reçut de lui différents rapports lumineux sur divers ouvrages qui lui avaient été envoyés; un de ces rapports notamment mérite une attention plus particulière, parce qu'il donna lieu à de nombreuses expériences que Vilmorin répéta, et que leur résultat a confirmé une pratique dont la propagation peut devenir très-utile aux cultivateurs de vignes.

M. Lambry, jardinier à Brunoy, avait annoncé, dès l'an IV (1795), qu'il connaissait un moyen pour empêcher la vigne de couler. Ce moyen consistait à enlever, à l'époque de la floraison, une portion d'écorce par une incision circulaire faite sur le bois de l'année précédente. Un fait aussi important fixa l'attention de quelques propriétaires de vignes, et Vilmorin fut chargé par la Société d'agriculture de vérifier l'exactitude de ce résultat, qui reçut une nouvelle confirmation des expériences qu'il suivit sur ce sujet pendant six années consécutives; il reconnut même que l'incision circulaire pouvait se faire avec le même succès sur le bois de deux, de trois ans, ou sur celui de l'année même, et qu'elle pouvait être également pratiquée pendant la fleur ou quelque temps avant la floraison. Vilmorin a rendu compte de ces expériences à une de nos séances publiques; il a montré de superbes grappes de raisins obtenues par ce procédé sur des vignes qu'il possédait, et qui coulaient toujours avant qu'il eût pratiqué cet incision.

Lorsque la Société d'agriculture eut formé le projet de donner une nouvelle édition du *Théâtre d'Agriculture* d'Olivier de Serres, et d'ajouter à cet immortel ouvrage des notes qui fissent connaître les progrès de l'art sous quelques rapports depuis Olivier, Vilmorin ne pouvait rester étranger à cette grande entreprise; il fut chargé de rédiger celles de ces notes qui étaient relatives à la culture des jardins; mais déjà ses forces physiques, épuisées par de nombreux travaux, ne secondaient plus son zèle, ranimé cependant par la grande idée d'ajouter un degré de perfection au plus bel ouvrage qui ait encore paru sur l'économie rurale; il surmonta ses souffrances, et fit de ce travail son occupation chérie. Obligé de voyager pour sa santé, il portait toujours Olivier de Serres avec lui; il trouvait du soulagement à ses maux en parlant avec ses amis des avantages de cette publication déjà vainement entreprise et depuis si longtemps désirée. Il a laissé, sur plusieurs plantes du jardin potager citées par Olivier de Serres, un assez grand nombre de notes, dans lesquelles il décrivait les espèces, les variétés et la culture qui convient à chacune d'elles; il avait préparé des matériaux pour plusieurs autres, et il serait bien à regretter qu'il n'ait pas pu mettre la dernière main à cet ouvrage, si son fils aîné, héritier de son commerce et de ses lumières, ne s'était chargé de continuer cet utile travail.

Vilmorin a contribué aussi à la rédaction de plusieurs ouvrages d'agriculture qui ne parurent pas sous son nom; il fournit des matériaux à l'auteur du nouveau *la Quintinie;* l'*Almanach du bon Jardinier* fut, en grande partie, rédigé sur les notes qu'il avait données à M. de Grace. Le catalogue raisonné qu'il a publié des objets de son commerce est devenu un livre classique par la synonymie et les notes instructives dont il a su l'enrichir; mais malheureusement, les détails qui seraient capables de faire apprécier convenablement ces ouvrages ne peuvent faire partie d'une notice biographique.

Après avoir montré Vilmorin sous le rapport de la science dont ses utiles travaux ont accru le domaine, il me reste à citer quelques traits qui puissent faire connaître son caractère, et prouver qu'il ne fut pas moins estimable par sa bienfaisance et par ses vertus que par ses talents.

Lorsque les travaux de Vilmorin lui eurent acquis une certaine aisance, il s'empressa de la faire partager à ceux des membres de sa famille qui étaient placés dans des circonstances moins favorables que lui. Il éleva plusieurs de ses neveux, les traita comme ses propres enfants, et en mit quelques-uns en état d'exercer la profession qu'ils avaient choisie : tous les malheureux avaient des droits à ses bienfaits, et la classe des jardiniers, en général peu fortunée, lui offrait de fréquentes occasions de satisfaire son penchant à la bienfaisance. Christophe Hervy, abandonné après quarante-quatre ans de travaux utiles dans la pépinière des Chartreux, trouva en lui, jusqu'à son dernier moment, un consolateur et un soutien; il fut l'appui de M. de Grace, auteur du *Bon Jardinier*, et qui, ruiné par la révolution, dut à Vilmorin son existence, jusqu'à ce que ce vieillard respectable eût obtenu du gouvernement quelques secours pour subvenir à ses besoins les plus pressants.

En 1788, après la grêle terrible qui dévasta une partie du territoire des environs de Paris et de plusieurs autres départements, Vilmorin ouvrit ses magasins et distribua gratuitement aux cultivateurs qui avaient été les plus maltraités une quantité considérable de graines de plantes alimentaires, qui purent les mettre en état de réparer leurs pertes. Il fit plus : il parvint à obtenir du gouvernement l'achat à l'étranger et la distribution d'une quantité beaucoup plus considérable encore de ces mêmes semences. La Société d'agriculture crut devoir récompenser ces actes de zèle et de philanthropie par un témoignage public de son estime et par le don d'une médaille.

A l'époque plus désastreuse encore de 1794, où les horreurs de la famine se joignirent aux malheurs de nos dissensions intestines, il remplit avec une ardeur peu commune les fonctions de membre du comité de bienfaisance de sa section; oubliant ses propres affaires, il donnait tous ses soins à ces fonctions pénibles et dangereuses, il passait tout son temps à protéger l'arrivée des subsistances et à distribuer les faibles secours qui étaient mis à la disposition des sections.

Voué pendant toute sa carrière à des occupations douces, et agité par des affections excitées en lui, seulement par la nature et par l'humanité, Vilmorin semblait devoir être étranger à ce mâle courage et à cette énergique fermeté qui sont plus ordinairement le partage des hommes qui ont blanchi dans la carrière des armes; mais l'amour de son pays, le désir de faire du bien, celui, peut-être plus pressant encore pour son âme sensible, d'empêcher le mal, développèrent en lui des qualités qu'on n'aurait pas jugées compatibles avec son caractère.

Dès le moment que la patrie eut réclamé son secours comme militaire dans la garde nationale parisienne, il s'occupa uniquement de ce qui pouvait le mettre dans le cas de la bien servir; les travaux de ce genre furent sa seule occupation. Au milieu du désordre général, il sut maintenir la plus exacte discipline dans le corps dont il avait été nommé officier, il semblait qu'il eût porté les armes toute sa vie; il faisait lui-même avec zèle et exactitude ce qu'il voulait exiger de ses compagnons d'armes, il savait les animer par ses discours et surtout par son exemple.

Dans plusieurs circonstances, Vilmorin s'est exposé aux dangers les plus imminents pour le maintien de l'ordre si difficile à conserver dans ces moments de cruelle anarchie. On l'a vu, à la tête d'un petit nombre d'hommes déterminés et au péril de sa vie, arracher des mains d'une populace effrénée et mettre en sûreté un malheureux boulanger qui allait être la victime de l'aveugle fureur du peuple.

On l'a vu déployer un courage égal dans une circonstance peut-être plus périlleuse encore. Un homme estimable, dont le nom est cher aux sciences et à la Société d'agriculture, est arrêté avec sa femme et traîné en prison. Vilmorin vole auprès des comités de gouvernement, il y parle avec la plus grande fermeté, il s'avoue hautement l'ami du détenu, il réclame avec force sa liberté qu'il n'obtient qu'en se rendant lui-même caution ; et cet acte de dévouement à la justice et à l'amitié sauva deux innocents et calma les vives inquiétudes d'une famille respectable.

Ceux qui ont connu Vilmorin pourront être étonnés et d'une si grande énergie de sa part et d'un si puissant ascendant sur des hommes qu'il était si difficile d'émouvoir. On sait qu'il n'avait pas un aspect imposant; son air était affable et doux ; il n'avait ni cette voix sonore qui commande le silence, ni cette éloquence brûlante qui entraîne les suffrages ; sa fermeté était dans sa conscience, son ascendant dans sa vertu.

Vilmorin ne jouit pas longtemps du calme qui suivit ces terribles orages ; attaqué par une maladie chronique qui, pendant plusieurs années, le laissa en proie à de continuelles douleurs, il mourut le 15 ventôse an XII (6 mars 1804), dans les bras d'une famille éplorée, qui méritait, par ses vertus, de posséder plus longtemps un chef aussi estimable, et dont la vie fut et sera toujours son unique modèle.

Paris. — Imp. de Mme Ve BOUCHARD-HUZARD, rue de l'Éperon, 5. — 1859.